Robson Olate

No momento mais difícil

Dedico esta obra a minha esposa Juçara, minha filha Alícia, e a todos os que de algum modo enfrentaram, enfrentam ou enfrentarão duras batalhas ao longo da jornada da vida.

SUMÁRIO

No momento mais difícil

Introdução

Diversos questionamentos povoam nossa mente quando temos de lidar com situações adversas, alguns exemplos... *"O que fiz de errado para merecer passar por isso?" "Por que Deus permitiu que isso me acontecesse?"*, a lista de porquês certamente não se encerra nestas duas sentenças.

Talvez a pergunta mais adequada não seja **"Por que?"** mas, talvez, **"Por que não?** Embora não seja possível entender no primeiro momento os motivos pelo qual as coisas nos acontecem é perfeitamente possível tirar algum proveito desta experiência imaginar a vida considerando que não deveríamos enfrentar qualquer que seja a adversidade é uma utopia.

Como devemos nos comportar frente as adversidades? Quais recursos estão disponíveis para o enfrentamento de tais circunstâncias? Como transformar estas circunstâncias numa oportunidade?

Ao longo das próximas páginas quero conduzi-lo (a) comigo nesta jornada de aprendizado e compartilhar com você algumas experiências pessoais somadas a algumas orientações práticas encontradas nas Escrituras para o seu crescimento pessoal e espiritual.

> *"Levanto meus olhos para os montes e questiono: de onde me virá o socorro?*
> *O socorro virá do meu SENHOR, o Criador dos céus e da terra!*
> *Ele não deixará que teus pés vacilem; não pestaneja Aquele que te guarda. Certamente não!*
> *De maneira alguma cochila nem dormita o guarda de Israel.*
> *O Eterno é o teu protetor diuturno; como sombra que te guarda, Ele está à tua direita.*
> *Não te molestará o sol, durante o dia, nem de noite, a lua.*
> *O SENHOR te guardará de todo o mal, Ele protegerá a tua vida!*
> *Estarás sob a proteção do SENHOR, ao saíres e ao voltares, desde agora e para todo o sempre!"*

(Salmos 121 – KJV 1611)

Capítulo I

Nem tudo acontece da forma como imaginamos...

As vezes nos esquecemos de considerar os fatores circunstanciais aos planos "perfeitos" que elaboramos. A vida é uma longa jornada e por mais bem estruturado que seja o plano, as mudanças ambientais podem exercer alguma influência no resultado, quando saio de casa para o trabalho e, às vezes meio atrasado, não quero pensar na possibilidade de um pneu furar mas é um fator circunstancial que preciso considerar no meu planejamento, desta forma eu devo verificar se meu estepe está em boas condições e se tenho as ferramentas necessárias para uma eventual troca que precise realizar, se não acontecer, excelente, se acontecer, já estaria preparado para o evento, sendo assim considere as seguintes premissas:

No momento mais difícil

> *Se existe a possibilidade, por menor que seja, de algo dar errado, você precisa fazer a coisa certa...*

Se existe a possibilidade de algo dar errado, por menor que seja, considere ir preparado, um "plano B" viria muito a calhar numa situação como esta, a coisa certa a fazer é não ter por certo que nada vai dar errado!

> *Boas intenções não são garantia de que tudo acontecerá conforme o planejado.*

Alguém que observa o sofrimento de uma larva no processo de transformação para uma borboleta logo pensa em dar uma "ajudinha", afinal de contas, que mal há em ajudar o pobre inseto? Embora minha intenção seja boa e queira de verdade ajudar, estou colocando tudo a perder na vida daquele inseto, não é porque a intenção é boa que as coisas têm que dar certo.

> *A resposta certa vem do Senhor*

Somos por natureza seres falíveis, por mais que queiramos que tudo saia conforme nossa imaginação, ainda sim, precisará da anuência do Deus Vivo, do Deus que tudo sabe, que tudo vê, que sonda os nossos corações e conhece como ninguém nossas intenções, O Senhor é infalível e todos os Seus atos perfeitos, se queremos de fato que algo tenha êxito a primeira providência é submeter tais planos Àquele que jamais falha, que jamais tarda, não deixe a ansiedade e perfeccionismo consumirem sua saúde física mental e espiritual, se de fato colocamos tudo nas Mãos de Deus devemos confiar a ponto de não sermos tentados a querer ser o BRAÇO que movimenta esta Mão.

A vinda do primeiro filho (parte 1)

Eu e minha amada esposa Juçara estamos juntos há mais de 24 anos, depois que nos casamos vivemos intensamente as delícias do início deste relacionamento e, com o passar do tempo foi surgindo aquela ideia de acrescentar mais um membro à esta família, ela amava a ideia de ter filhos, eu morria de medo disso! Mas concluímos em conjunto que este era o rumo que deveríamos seguir e iniciamos as preparações para este tão desejado momento.

Depois de algum tempo estava confirmado, estávamos grávidos! Ela vibrava de alegria e, eu continuava morrendo de medo... logo começaram os sintomas daquela gravidez, os enjoos os desejos, as dores nas costas, a dificuldade de achar posição para dormir, as noites de insônia e lá se foram os primeiros meses de gestação e aquela barriga só aumentava, igualmente ao meu medo, quando mais os meses passavam mais temia o momento em que veria aquele resultado de nosso amor pela primeira vez.

A jornada da gravidez seguia... fomos então fazer o primeiro ultrassom e, por mais que a médica e minha esposa tentassem me mostrar os detalhes naquela caricatura em preto e branco, eu não conseguia discernir nada!

Diziam: "este aqui é o pé", "aqui está a cabeça", "estas são as perninhas", mas, tudo o que conseguia ver eram riscos brancos numa tela preta.

Éramos só alegria, fazíamos planos do enxoval, idealizávamos a cor das paredes do quarto, *será menina ou menino?* Perguntávamos um ao outro e, nessa gostosa sensação íamos nos nutrindo de amor e ansiedade por este tão sonhado filho, quando então passaríamos a enfrentar alguns dos momentos mais difíceis que já vivemos na vida conjugal.

Na realização de uma consulta de pré-natal, a médica identificou a ausência de batimentos cardíacos do bebê, e imediatamente nos orientou a realizar um ultrassom para fazer um diagnóstico mais preciso, ficamos muito preocupados pois algo incomum estava acontecendo e não sabíamos muito bem o que fazer ou pensar.

Saímos da sala de ultrassom e aguardamos na recepção, quando então a médica vem ao nosso encontro e, apenas sugere que procuremos o médico que acompanhava a gestação para maiores detalhes, saímos dali já certos de que alguma coisa estava errada e era notória a tristeza nos olhos de minha esposa.

Fomos até o médico e este então confirma que o bebê já estava sem vida no ventre dela, o mundo ficou cinza naquele momento, tudo perdeu sua cor.

Aquele tão desejado filho não viria mais, não o pegaríamos nos braços, não o veríamos engatinhar, andar, correr, adoecer termos de ir ao hospital de madrugada, noites

No momento mais difícil

de sono mal dormidas não seriam mais necessárias, quanta decepção!

Além de esta ter sido a pior notícia que recebemos nos últimos anos ela ainda teria de passar por um procedimento chamado curetagem que consiste em realizar uma raspagem da cavidade uterina para limpar os restos placentários ocasionados por um aborto espontâneo, não havia situação mais desagradável e triste do que aquela.

Os primeiros dias, as primeiras semanas foram muito tristes, muito difíceis, não fosse O Senhor em nossas vidas provavelmente teríamos feito alguma besteira, Deus foi muito bom conosco, colocou alguns anjos disfarçados de pessoas em nossa história que foram fundamentais em nossa recuperação, estresse e depressão foram algumas das situações que tivemos de enfrentar, dia após dia

A vinda do primeiro filho (parte 2)

Após a primeira tentativa frustrada, a decepção o sofrimento da primeira experiência ficávamos meio que na dúvida se deveríamos continuar tentando, se deveríamos adotar e desistir definitivamente da ideia de termos um filho pelos meios naturais, resolvemos depois de muito debatermos que deveríamos continuar tentando.

Novamente nos víamos radiantes com a ideia de superar aquela primeira tentativa frustrada e seguir em frente e vencer, ela então engravida novamente.

Os cuidados foram redobrados, desta vez foi bem crítico pois agora ela havia enjoado até do cheiro do feijão (meu predileto) foi difícil ficar meses sem poder comer feijão, neste momento a comida da minha mãe salvava de vez em quando... na maioria das vezes eu cozinhava para ela devido os frequentes enjoos, eu vestia meu avental especial e, mão na massa! Depois de 3 minutos usando toda minha expertise estaria pronto aquele macarrão instantâneo maravilhoso e, isto se deu por meses...que vida dura!

No momento mais difícil

Algumas vezes nossos vizinhos mais próximos, que eram também nossos parentes nos salvavam também com a oferta de convites para almoços e jantares, frequentemente me diziam *"se quiser jantar lá em casa fique à vontade"* eu geralmente não recuso convites para comer, mas, confesso que não gostava da ideia de ficar incomodando as pessoas com as necessidades do meu estômago.

Tudo encaminhava muito bem, agora já tínhamos a maioria das coisas necessárias compradas nos cabia apenas esperar pelo grande momento, pelo dia em que ele ou ela vissem ao mundo para completar nossa família mas, como que uma peça que a vida parecia nos pregar, nos vemos agora enfrentando novamente as mesmas coisas que enfrentamos da primeira vez, exames e mais exames, ultrassons e consultas quase que diariamente e, mais uma vez identificada a inexistência de batimentos cardíacos no nosso tão desejado bebê... Você que está lendo estas linhas chega a dizer: "mas, de novo!?" Pois é, de novo, mais uma vez perderíamos o nosso filho (a) e como que num filme repetido nos víamos lidando com os mesmos sentimentos de impotência, de frustração, de questionamentos, foi um duríssimo golpe! Noites em claro tentando encontrar respostas, dias cinzas, uma vida sem sabor, uma vida sem cores novamente era a nossa nova velha conhecida realidade.

A vinda do primeiro filho (parte 3)

Pois é, poderíamos ali mesmo enterrar o desejo de termos nosso primeiro filho, afinal de contas depois de tanto sofrimento deveríamos ter aprendido a lição e deixado isso para lá mas, somos insistentes em buscar felicidade, somos perseverantes na busca por nossos objetivos e ainda amávamos a ideia de ter o primeiro filho e, mais uma vez nos víamos tentando.

Até que então ela engravida novamente e pensávamos: *"agora é pra valer, agora vai dar certo, agora teremos nossas orações atendidas!"* Pensamento positivo e muitas palavras de carinho e maravilhosa expectativa dos amigos mais chegados, alguns deles viveram estes dias conosco e sentiram na pele o nosso sofrimento, nossa desolação e, também dividiam as alegrias juntamente conosco em cada nova tentativa, em cada nova expectativa.

Na segunda vez que perdemos o filho fomos orientados a enviar uma biópsia para BH a fim de investigar a causa dos abortos instantâneos, porém, nada fora encontrado e então continuávamos a tentar já que nada de anormal fora constatado.

Agora o pré-natal era feito com acompanhamento de uma área do hospital que tratava especificamente de casos como o dela, de perdas recorrentes de filhos, estávamos sendo bem cuidados, bem assessorados e ficávamos cada vez mais convictos de que trilhávamos o caminho certo para a nossa conquista, tudo daria certo, pensávamos.

Você pode até já ter se cansado de ver o **MAS** seguido de reticências, MAS...é isso aí, uma vez mais as complicações aconteceram e o risco de perder o terceiro filho era iminente e real... olhávamos um para o outro e eles declaravam nossos frequentes questionamentos: "DE NOVO!!?"

Começávamos então a fazer as perguntas difíceis: *"Será que é mesmo isso que Deus quer para nós?"* *"Será que fizemos algo de errado e estávamos sendo punidos?"*, *"Será mesmo que Deus nos ama tanto como a Bíblia diz?"*. Tínhamos um caminhão de perguntas, mas, respostas satisfatórias nunca foram encontradas ao longo deste processo.

Desta vez a situação foi ainda mais complicada pois os médicos, sabendo de nossa triste trajetória até ali fizeram de tudo para segurar o bebê no ventre, queriam fazer a manutenção da gravidez ministrando medicamentos que retardassem o aborto instantâneo para que o bebê então completasse sua formação mas, minha esposa tomou uma decisão de retirar o bebê, aquilo fora estranho, não esperava uma reação tão crítica e desesperada como aquela e os médicos que cuidavam dela cederam e procederam com a retirada do bebê, naquela momento ficaria clara a razão pela qual ela estaria tão desesperada para tomar aquela decisão, uma infecção havia iniciado em seu organismo e, esta teria alto potencial de risco de morte tanto do bebê quanto de minha esposa, tal infecção já teria se alastrado porém, ainda foi possível contê-la a tempo, os médicos alertaram que caso o procedimento não tivesse sido feito naquele momento certamente teríamos perdido o bebê e sua mãe, minha esposa havia mencionado depois que tal certeza do que ser feito veio por uma inspiração do Senhor e, hoje entendemos perfeitamente que tal inspiração foi providencial, apesar de todo esse sofrimento e desespero ainda tínhamos o cuidado de Deus bem presente.

A vinda do primeiro filho (parte 4)

Você deve estar pensando aí: "*acho que agora deu né!?*" MAS... cá estávamos nós idealizando a nossa próxima tentativa parece que estávamos determinados a continuar sofrendo, mas nosso desejo era tão flamejante, tão empolgante, tão... que resolvemos então tentar mais uma vez e, desta vez seria a última não tentaríamos mais depois desta, o processo todo ao longo de 3 anos fora muito doloroso, muito traumático, especialmente para minha esposa que agora estaria lidando com uma depressão de grandes proporções e, eu não fazia ideia do que fazer, do que dizer como dizer... No entanto continuávamos a tentar e então ela engravida novamente, aquele velho filme passa em nossa *linha do tempo* mental e o medo de tudo dar errado se misturava com a fé de que tudo daria certo, quanto sentimento num curto espaço de tempo.

Desta vez as coisas demonstravam-se bem diferentes pois depois de tantas experiências frustradas um diagnóstico fora bem realizado e então a causa dos abortos instantâneos fora descoberta minha esposa tinha uma deficiência no sangue denominada SAF (*síndrome do anticorpo antifosfolípide*) uma doença que interfere na coagulação do sangue, o que ocorria era que devido a coagulação no sangue os alimentos que ela ingeria não eram compartilhados com o bebê, o cordão umbilical ficava praticamente entupido impedindo que o bebê

No momento mais difícil

fosse nutrido ao longo da gestação, agora nossas esperanças e expectativas haviam sido renovadas, enfim tudo correrá bem e teremos nosso primeiro filho, pensávamos.

Em função da doença diagnosticada o tratamento fora bem diferenciado desta vez, além dos cuidados normais que sempre tínhamos nas outras gestações, desta vez ela teve de injetar no ventre uma medicamento que impedia a coagulação do sangue todos os dias, durante meses ela recebia a ministração desta injeção bem em sua barriga... eu como "homo sapiens", ficava a me questionar e pensava como isso não poderia piorar a situação, daqui a pouco a barriga dela toda estaria furada e isso poderia vir a complicar as coisas, devaneios de um marido e pai em potencial, desesperado.

Deus fora tão bom conosco que providenciou um outro anjo disfarçado de gente, uma enfermeira que morava duas ruas pra cima da nossa casa, ela se disponibilizou a aplicar a injeção durante o tempo que fora preciso e não nos cobrou nada para isso, nesta ocasião não tínhamos carro ainda e eu trabalhava, como ia levar ela todos os dias até a clínica para receber aquela injeção, eu pensava... mais uma vez víamos o cuidado de Deus conosco expressados em detalhes que, por menores que fossem, foram determinantes.

A saga da grávida continuava, dia após dia uma injeção na barriga, ultrassons e tudo o mais, tudo estava bem até aquele momento, e o 5º mês se aproximava, (o 5º mês era exatamente o mês em que os abortos aconteciam) a ansiedade tomava conta de nós, o medo tomava conta das nossas noites, será que vai acontecer de novo, será que vamos ter de viver aquele momento mais uma vez, será que aquela nossa velha história, que queríamos esquecer teríamos de revivê-las, teríamos de passar por ela mais uma vez? Não! O 5º mês passou e chegamos ao 6º mês, passamos a etapa mais crítica e estávamos certos de que tudo, absolutamente tudo daria certo, nossa Igreja intercedia por nós, nossas famílias, amigos queridos, parentes e todos os que acompanharam o nosso drama recorrente faziam pensamento positivo e nos davam forças alimentavam nossas expectativas, nos sentíamos muito bem cuidados, bem amparados e Deus, Aquele em quem nunca deixamos de confiar, estaria usando tudo isso para nos fortalecer.

Lá pelo 7º mês continuávamos a saga de injeções, consultas etc. Minha esposa então tem uma dor muito grande na região dos rins, possivelmente uma bendita de uma pedra estaria ali complicando a vida nada fácil daquela gestante, fora hospitalizada e tratada para que passasse aquela dor no entanto, fora orientada a fazer um ultrassom para investigar mais profundamente a causa, naquela ocasião o médico aproveitou para solicitar um ultrassom para ver como estava o bebê, na sala do ultrassom o profissional que o fazia constata uma anomalia nas imagens que via e no mesmo instante aciona o médico que cuidava dela para avaliar a situação, o mesmo vê as imagens e imediatamente solicita a internação dela, meu Deus, aqui vamos nós outra vez eu pensava... perguntava às paredes, às nuvens para ver se alguém me ouvia e pudesse me dar uma resposta que agradasse os ouvidos, no entanto, aquele cenário cinza se aproximava novamente, as cores desvaneciam-se mais uma vez, aquela nossa nova velha história parecia bater à porta, era um visitante indesejado! Os irmãos permaneciam em oração por nós, nossos familiares não sabiam mais o que fazer para ajudar e, eu muito menos em como agradecer todo o apoio que recebíamos desse tanto de gente boa que Deus colocou em nossas vidas.

No momento mais difícil

O médico então solicita a intervenção imediata da gestante, deveria ir para a sala de parto imediatamente e, assim se fez, lá estava minha esposa, se preparando para mais uma vez lidar com essa situação que deveria ser linda na vida de um casal, mas, depois de tantas experiências frustradas éramos frequentemente assombrados pelo nosso maior inimigo, a incerteza!

Fui convidado pelo médico e enfermeiras para adentrar a sala de parto para assistir ou tirar fotos ou gravar... eu não queria nem ver aquilo, quanto mais tirar fotos, gravar ou qualquer coisa que fosse, havia assistido um vídeo educacional de parto na escola quando criança e aquela imagem até hoje permanece na minha mente, como se fosse algo que tinha assistido naquele mesmo dia, sendo assim eu não pude aceitar aquele convite, disse a eles que esperaria do lado de fora, caso contrário eles teriam mais alguém para se preocupar.

Depois de alguns tensos momentos esperando do lado de fora, tenso por não saber o que esperar, havia ainda aquele receio de que na tentativa de salvar a criança eu perdesse minha esposa e eu não sabia o que mais me assombrava... que dura espera! Quando então a enfermeira traz uma criança nos braços, envolvida numa toalha, roxinha! Se o Avatar® tivesse sido lançado naquela época poderia até imaginar que poderia ter havido uma troca de bebês, mas, não era não, era minha filha, a tão esperada filha, ela veio, e era grande, a enfermeira me pergunta: "você quer segurar!?" Eu disse: "claro que não" imagina se eu deixasse aquela menina cair de qualquer modo ainda peguei ela nos braços e vi aquela pequena criança, a cara do meu joelho, em meus braços depois de tanto sofrimento.

Por ter nascido de 7 meses ela ainda teve de ficar mais algum tempo na UTI neonatal sob os cuidados de uma pediatra minha esposa não saia de lá, todos os dias estava lá ao lado da incubadora, esperando pelo dia em que levaria ela para casa e começássemos aquela vida em família de vez. Soubemos depois pelos médicos que a intervenção imediata sugerida pelo médico foi crucial, a placenta estava totalmente sem líquido amniótico, e havia um sério risco da placenta colar na pele do bebê causar graves ferimentos na pele dela, se demorasse um pouco mais teríamos perdido mais um filho, bendita seja a pedra nos rins que talvez estivesse ali há muito tempo, talvez tenha aparecido naquele momento, o fato é que por causa dela foi possível realizar o diagnóstico em tempo e cá estamos com nossa filha, que agora tem 13 anos e nem lembra aquela criança pequena que mal cabia na palma da minha mão, ela já está quase do meu tamanho, nem sequer passa pela cabeça de quem quer que seja que esta menina enorme é prematura mas, ela é, na verdade ela não é prematura, ela nasceu no momento certo, no tempo exato, no momento adequado, nem antes, nem depois, assim como tudo o que Deus faz, com perfeição, sempre no tempo certo, mais uma vez Ele interviu, Ele estendeu Sua Mão misericordiosa e nos livrou de mais um sofrimento que poderia ser mortal para nós, Ele continua sendo Bom...

Capítulo II

Experiências que se vivem possuem alto poder de aproveitamento...

É um grande desafio escrever quase 4 anos de duras e intensa adversidades em algumas páginas, obviamente que desprovido de maior riqueza de detalhes, mas, procurando apresentar um resumo capaz de lhe transportar para lá onde a história foi vivida.

É um disparate imaginar que alguém que nunca viveu aquilo que estejamos vivendo seja capaz de nos aconselhar assertivamente sobre o que fazer, como fazer, de que forma fazer. Tudo o que costumávamos ouvir era que Deus estava no controle de tudo, que nós iríamos superar, que logo iríamos esquecer e a vida deveria seguir seu fluxo, deveríamos continuar a viver pois, ainda éramos novos e precisamos seguir adiante, por mais bem intencionados que estejamos, uma palavra de incentivo nem sempre será suficiente para fazer com que aquele que vive a dor melhore, não é um remédio que produz cura mas, uma palavra dita no tempo certo é um bálsamo que produz cheiro bom e tranquiliza a alma.

Não estou certo se o que vivemos é suficiente para lhe ensinar alguma coisa, para lhe indicar um caminho seguro, mas, farei isso pois, entendo que o que nos trouxe até aqui continua funcionamento muito bem, o que vivemos lá, nos trouxe muita experiência e nos deixou muito mais fortes hoje e, creio que o mesmo se dará contigo.

Passo agora, portanto, a discorrer acerca dos aprendizados que obtivemos passando por estas e por outras situações que mesmo não possuindo o mesmo grau de dificuldade serviram para formar nosso cerne de confiança em tempos tribulosos, algumas destas lições aprendemos quase que instantaneamente, outras levaram um tempo maior para serem aprendidas, mas, ainda em tempo de aproveitar seus benefícios, o que aprendemos no momento mais difícil desta jornada?

Lição número *1*

Como saber se o que estou passando é ou não da vontade de Deus?

Você não pode, você não vai!

Obviamente que você não esperava por essa declaração, seria bem mais fácil se eu lhe contasse como descobrimos, quais meios utilizamos para conquistar tal conhecimento, mas, a verdade é que o mais provável é que fique perdido em meios aos infindáveis questionamentos que criamos em nossa mente.

É praticamente impossível usar muito bem o intelecto no meio de uma dura adversidade que esteja vivendo, pense por um momento no povo de Israel quando foram libertados do Egito, eles oraram por anos para que Deus lhes providenciasse libertação daquele cativeiro que iniciara nas melhores condições do mundo, no entanto, o tempo foi passando e a primeira aliança foi caindo em esquecimento. Deus havia alertado Abraão que sua descendência passaria por tal situação (Gênesis 15:13) sendo assim não era de total desconhecimento o que estaria por vir mas, Deus também havia alertado que na ocasião do fim daquele cativeiro eles seriam ricamente abençoados (Gênesis 15:14) mas, não há comentários sobre o processo e este seguramente é o momento mais difícil de administrar, enfim o Senhor providenciou o libertador, Moisés, que conduziu o povo pelo caminho até a terra prometida, após caírem em si que o processo da liberdade seria tão duro agora entendem que era mais vantajoso permanecer na terra da escravidão, veja o que se lê:

"Não é isto que te dizíamos no Egito: Deixa-nos, para que sejamos escravos dos egípcios em paz? Pois, melhor nos fora servir aos egípcios do que morrermos no deserto!"
(Ex: 14:12 – KJV 1611)

O que acontece com a maioria das pessoas, é que elas podem estar no meio de uma ponte para atravessar para o outro lado, mas, o risco de queda as fazem voltar, se pensassem por um momento que o trajeto para frente tem a mesma distância da volta teriam completado o percurso, o esforço, a carga de recursos físicos e emocionais é o mesmo!

No momento mais difícil

O que quero mostrar é que o uso da inteligência para avaliar os motivos das coisas nem sempre será satisfatório, é mais provável que te adoeça do que te cure, pode ser que quando tudo estiver bem você dirá: *"Graças a Deus eu venci"* mas, antes de chegar lá O mesmo Deus cuidava de você enquanto estava no meio do processo sendo assim, por que não agradecer enquanto ainda está no "olho do furacão" por acaso estaria Deus inerte enquanto você sofria e só acordou quando você chegou lá na "terra prometida"? Certamente que não, o Deus que inicia a boa obra é também Poderoso para completá-la.

Lição número 2

A hora da prova não é momento para diálogo.

Por quantas noites orávamos buscando uma resposta clara que pudesse amenizar um pouco os frequentes questionamentos que povoavam nossa mente naqueles dias tão difíceis, mas, em nenhuma delas ouviu-se uma voz estrondosa, ou sequer um cicio que indicasse que nossas orações estavam sendo ouvidas, nem ao menos *"sua resposta já está sendo confeccionada, logo a terão em mãos."* Me lembro que nas semanas de provas na escola eu estudava bastante dias antes para chegar bem preparado e tirar as melhores notas mas, haviam aqueles dias em que eu estava mal preparado, não havia estudado, estava com preguiça e tudo o que menos precisava era ter de me submeter a passar por aquele momento

No momento mais difícil

de aflição e, nestes dias a maior vontade que tinha era de poder perguntar a alguém, inclusive ao próprio professor, talvez não a resposta certa, exata mas, ao menos me dê um horizonte, uma pista para identificar a reposta e sabe o que acontecia?

Silêncio absoluto!

A hora da prova não é momento de diálogo, não é hora de obter respostas, é momento de aplicar o conhecimento adquirido nas experiências anteriores e momento de testar o aprendizado.

Lição número 3

Tudo está sob o mais perfeito controle.

*"E sabemos que **todas as coisas** trabalham juntamente para o bem daqueles que amam a Deus, daqueles que são chamados de acordo com o seu propósito."*
(Romanos 8:32 – KJV 1611)

Só pode estar sob controle aquilo que observamos, aquilo que está debaixo da nossa condução e capacidade de intervenção, mas, quem lhe disse que o fato de estar sob o seu controle é uma garantia de que obterá o melhor resultado?

Uma bola de basquete em minhas mãos não significa muito, mas, nas mãos de Michael Jordan víamos feitos extraordinários, uma bola e um taco de Golf em minhas mãos nada representa, mas, nas mãos de Tiger Woods é possível

No momento mais difícil

observar verdadeiras obra de arte, isso tudo significa dizer que, as coisas certas nas mãos certas fazem com que tudo dê certo.

Ficar absolutamente tudo nas nossas mãos só tem uma garantia, alguma coisa em algum momento vai dar errado e, isto porque somos limitados, de difícil percepção do que acontece à nossa volta e as vezes visibilidade "zero" nas questões de natureza espiritual, é melhor deixar nas Mãos de Quem não está sujeito às mesmas condições limitadas a que estamos expostos.

Se TUDO coopera para o bem de quem ama a Deus, quer dizer que NADA está fora de controle, quer dizer que TUDO trabalha em favor daqueles que foram chamados por Deus para viver um propósito, entender isso no meio das tempestades é praticamente impossível, ali estamos no meio de um nevoeiro impossibilitados de enxergar com precisão o que está acontecendo e muito menos o que está por vir, nos momentos mais difíceis tudo o que precisa fazer é confiar, se sua vida está nas Mãos de Deus, se as escolhas que fez foram com a intenção de encaixar a vida no propósito que Ele mesmo designou para você, até mesmo o que tem aparência de derrota é na verdade uma preparação para grandes vitória.

Observe, de forma bem resumida o que foi a experiência de Jesus quando veio ao mundo:

- ➢ Nasce numa família de condições limitadas;
- ➢ Logo na ocasião do nascimento já se torna alvo de um infanticídio;
- ➢ Entre a juventude e a idade adulta torna-se o arrimo de família pois, seu pai terreno, José, é falecido;

No momento mais difícil

- No início de seu ministério na terra é duramente questionado e perseguido pelo bem que fazia;
- Algumas vezes foi alvo da fúria dos perseguidores e corria frequentemente risco de morte;
- Foi traído (vendido) por um dos "amigos" mais próximos dele;
- Julgado injustamente pelos religiosos da época;
- Apesar de todo o que bem que fizera, numa pesquisa de opinião levantada pelo imperador em questão, o povo tinha nas mãos o poder de libertá-lo daquela situação deplorável, mas, optaram por libertar um agitador político e, quanto a Jesus, gritavam: "crucifiquem-no"!
- Apanhou como um bandido sob as mãos de seus algozes;
- Cansado, debilitado ainda foi forçado a carregar uma trave de madeira por um longo trajeto até o local onde então a mesma trave que carregara seria onde deveria ser pendurado;
- Estando lá na cruz teve de lidar com os impropérios e a vergonha a que era exposto;
- Os discípulos que desenvolveu ao longo de 3,5 anos agora foram dispersados (nem todos) devido ao risco deles mesmos serem levados à mesma pena;
- Por fim, sua declaração estando na cruz deixa clara a condição solitária que enfrentara naquela cruz: *"meu Deus, meu Deus, por que tu me abandonaste?"* (Mateus 27:46 – KJV 1611)

E se eu dissesse que embora houvesse uma participação ativa dos homens neste fim, mas, tudo fazia parte do plano perfeito de redenção desenhado por Deus para salvar a humanidade? Você acreditaria?

Pois é, tudo aquilo fora a mais clara demonstração da vontade permissiva Deus, havia um propósito muito mais denso e importante como consequência daqueles padecimentos, ele fez algo errado? Cometeu alguma infração grave diante de Deus? A resposta é, não!

O motivo não era ele, mas o benefício que a entrega de sua própria vida nos proporcionaria, pode ser que o que está acontecendo com você não é só por sua causa, mas, por algo ainda maior arquitetado pela ciência ilimitada do Todo Poderoso.

Se você confia em Deus tudo está sob controle, mesmo nos momentos mais difíceis.

Lição número *4*

O tempo é um excelente tratamento.

O mais costumeiro de se ouvir que o tempo é um excelente remédio, alguns até acreditam que pode curar todas as coisas mas, isso não representa bem a verdade, imagine que uma pessoa que não dá perdão a uma outra pessoa e resolve dar um tempo, existem duas alternativas, ou ela de fato muda seu pensamento e toma atitude de perdoar ou pode passar anos a fio cevando aquele pensamento de como a outra pessoa a feriu, como a destruiu, como a fez tão mal e, o resultado dessa fatal introspecção é que aquele tempo gasto nestes pensamentos criarão raízes e estas se fincarão nos mais profundos sentimentos daquela pessoa, tornando-a cada vez mais amarga e doente, física e psicologicamente.

Agora, por que o tempo se tornou um tratamento? Porque embora tudo estava revirado em nossa vida devido aos frequentes dramas que vivemos à medida em que o tempo corria um renovo nos visitava, a cada tentativa frustrada muitas lágrimas e perguntas, mas, logo em sequência nos víamos renovados para tentar outra vez, isso foi proporcionado pelo amor que recebíamos das pessoas que estavam a nossa volta, dos amigos, dos irmãos de nossa congregação.

Logo o tempo nada pode curar, apenas atitudes assertivas podem fazê-lo, a decisão de se levantar, de continuar a lutar, de crer que o Deus que operava milagres no passado tem Poder suficiente para realizar no presente e, assim foi. Veja como as atitudes, as tomadas de decisão, as coisas que falamos interferem no resultado:

O trajeto entre a saída do Egito e a terra prometida era um percurso de aproximadamente 40 dias a pé, para nós na vida moderno isso seria impossível mas, para um povo que já estaria acostumado a cruzar longas jornadas a pé, pode até ser tratado como uma "pequena" caminhada, no entanto aquele percurso se estendeu por 40 longos anos e, isto porque aquele povo insistia em reclamar, reclamar e reclamar, um adjetivo eles atribuído fora *povo de dura cerviz* que em nossa língua equivale a chamar alguém de "cabeça dura", enquanto poderiam estar aproveitando o tempo para agradecer pela libertação da escravidão que perdurara por 4 séculos passavam o tempo reclamando por cada novo problema que surgia no trajeto, meu conselho para você:

No momento mais difícil

Acredito que nenhum de nós seja capaz de apresentar o quanto reclamar têm ajudado, você consegue identificar algum benefício conquistado reclamando de tudo? Pessoas que não se satisfazem com nada podem ter a melhor vida do mundo, com tudo os que as demais pessoas não têm, com tudo que a vida humana precisa e ainda mais, mas, se não se alegra com o que tem continua não possuindo nada e sempre haverá algum novo motivo para reclamar, não empreste sua língua para esta prática.

✓ *Afaste-se de pessoas que gostam de reclamar.*

Posso lhe garantir que se há alguma coisa na vida humana mais contagiosa do que um vírus é o ato de reclamar, alguns no meio daquele monte de gente em Israel começaram a reclamar de algumas pequenas coisas que não estavam lá tão perfeitas mas essas pessoas têm um poder enorme de influenciar e, isto porque a natureza humana é muito dada a praticar a reclamação, é quase que instantâneo, se você quiser ter saúde emocional, física e espiritual é melhor ficar bem longe destas pessoas, o resultado que elas colherão poderão ser os seus também e garanto que ai sim haverá muito para se reclamar.

✓ *Traga para perto pessoas que possuem fé, que influenciem sua recuperação.*

No meio de toda aquela gente havia 02 jovens rapazes que mantinham a chama acesa, que criam na Palavra de Deus, infelizmente eles não foram capazes de influenciar a maioria, mas, eles e suas famílias foram preservados no trajeto do deserto e conquistaram a terra de Canãa.

Como consequência da influência de alguns em quase toda aquela população, estes foram reprovados para entrada na terra prometida, foram obrigados a caminhar durante 40 anos no deserto e, o pior de tudo, os que tinham fé também tiveram de colher as mesmas circunstâncias, isso mesmo, as circunstâncias, pois as consequências não são as mesmas na vida daquele que age por fé e daquele que age pela falta dela.

Nossos irmãos em Cristo, familiares nos consolavam com palavras de ânimo e demonstração de preocupação e sempre podíamos ouvir algo do tipo: *"Deus é Fiel e Ele sabe de todas as coisas"*, de fato o tempo foi nos mostrando isso, que tudo estava sob o controle d'Ele e tudo o que precisávamos fazer era continuar a confiar e esperar pela providência, o que não foi fácil.

✓ *Viva o processo, recuse os atalhos, ainda estamos em obras.*

Quando estou assistindo a um filme ou uma série onde estou curioso demais para ver logo o fim fico passando adiante, mas, na ânsia se querer logo ver o fim posso perder alguns desdobramentos importantes ao longo da história, o que poderá fatalmente dificultar o entendimento de toda a história.

Assim acontece na vida, creio que muitos de nós, caso tivéssemos um controle remoto da vida onde pudéssemos acelerar um pouco as coisas ficaríamos tentados a passar logo para evitar os cansativos e demorados processos, mas, isso não é possível, o processo é tão ou mais importante do que o próprio fim, verdade é que alguns títulos do cinema e dramaturgia deixam claro que as vezes o processo é mais interessante que o fim...

Deveríamos nos concentrar mais no que estamos aprendendo do que no quanto estamos sofrendo, mas, confesso que nos momentos difíceis isso não é lá muito fácil, o desejo exacerbado por passar logo por aquilo tudo pode nos fazer perder riquíssimos aprendizados, se prestarmos mais atenção nos detalhes vamos observar que muitas lições podem ter grande aproveitamento em nossa experiência, tudo o que vivemos, todo aquele drama serviu para criar uma cumplicidade ainda mais forte entre eu e minha esposa e uma confiança ainda maior no Deus que tudo pode e ainda observar o quanto é importante ter pessoas que se importam conosco, que se coloquem ao nosso lado, alguns deixarão isso claro outros não demonstrarão mas, lá no fundo eles estão torcendo por você! Ah! Mas há também os estraga prazeres, as pessoas que nos invejam, que querem na verdade ver o nosso mal, como fica a nossa relação com elas? Se Jesus ensinou a amar até mesmo os inimigos o que ele diria sobre os falsos amigos, você pode imaginar??

Tire proveito do tempo, não use ele gastando suas energias com questionamentos sem fim, com reclamações intermináveis, com a criação de um mal ainda maior dentro da sua alma, aproveite para aprender com a experiência, cresça com ela e ganhará experiência para enfrentar outros momentos difíceis ao longo da vida.

Deixa-me te dizer algo muito importante, provas substitutivas geralmente são mais difíceis do que a original, portanto, aprenda rápido!

✓ ***Adversidades não nos atingem para nos destruir.***

Uma frase emblemática me vem à mente, ela diz: "*Mar calmo nunca fez bons marinheiros*"

Ela tem tudo a ver com a experiência da vida com Cristo, alguns religiosos piedosos poderiam pensar que pelo fato de serem bons religiosos, de estarem sempre presentes na Igreja, de cumprir com todos os requisitos exigidos jamais deveriam passar por situações de extrema adversidade, Deus deveria livra-las de tudo isso, certo?! Observe a experiência de Jó, um homem extremamente temente a Deus, excelente chefe do lar, uma pessoa ilustre na sociedade de então e muito próspero, sua reputação era tão de primeira qualidade que o próprio Deus apresentou suas credenciais ao acusador, mas, de repente tudo mudou como num piscar de olhos!

Ele perde entes queridos, perde seus negócios, perde os olhares admirados da sociedade, perde a cumplicidade e companheirismo da própria esposa que sugere uma loucura e por fim perde também a saúde, pode imaginar um cenário mais trágico do que este? Embora o livro seja autoexplicativo, embora as evidências para o propósito sejam claras ainda sim alguns preferem sugerir motivos curiosos quanto aos motivos que levaram Jó a cair naquela desgraça, não perderemos nosso tempo discorrendo sobre estas motivações alternativas.

Quando tudo parecia estar perdido aparecem 3 amigos de Jó, creio que naquele momento Jó deve ter vibrado, quem sabe agora serei consolado, serei ajudado, alguém poderá responder meus questionamentos, poderão me ajudar a entender o que está acontecendo, ainda não estou totalmente desamparado, ele pensara.

Mas, não era bem assim, estes começaram a tecer seus comentários e pontos de vista, e rapidamente Jó caíra em si que aqueles "amigos" não estavam ali para ajudá-lo para consolá-lo, tornando a situação de Jó ainda mais severa e desolada.

Quando então O Senhor resolve falar com Jó e então as coisas começam a ficar claras, Jó vencido pelo cansaço e tribulação acaba falando algumas coisas pelas quais viria logo em seguida se arrepender, os amigos de Jó foram tão reprovados por Deus que o próprio chegou a dizer a estes que não os ouviria, ouviria apenas a oração que Jó fizesse por eles, quanto responsabilidade sobre Jó, passado o tempo da prova as coisas começaram a melhorar gradativamente na vida de Jó, sua família cresceu, seus negócios foram reerguidos e ele se tornara 7 vezes mais próspero que antes, ai alguém pensaria que agora está claro, Deus queria apenas dar ainda mais a Jó, por isso permitiu toda essa situação adversa na vida dele, correto? Errado!

Veja as palavras ditas pelo próprio Jó: "*Eu tinha ouvido de ti com os ouvidos; mas agora meus olhos te veem.*" (Jó 42:5) Baseado na própria declaração de Jó concluímos que faltava algo a aprender, havia um ensinamento, uma experiência que ainda precisava passar, agora o grau de conhecimento que ele angariara era mais elevado, mais profundo, não era mais um Deus do qual ele apenas ouviu falar, mas, O Deus que ele agora conhece por ter com Ele andando.

Não se veja como vítima de um complô universal, não tenha dó de si mesmo a ponto de não aproveitar a oportunidade de aprender, tudo o que passamos na vida deixa algum aprendizado, o que você pode estar passando ou vai passar não é para te destruir, é para te edificar!

No momento mais difícil

Capítulo III

Está tudo dentro dos limites...

"Não vos sobreveio tentação que não fosse comum aos seres humanos. Mas Deus é fiel e não permitirá que sejais tentados além do que podeis resistir. Pelo contrário, juntamente com a tentação, proverá um livramento para que a possais suportar"
(1 Coríntios 10:13 – KJV 1611)

Quando a primeira tentativa de termos nosso filho se frustrara entendemos que se tratava de algo normal, pela permissão de Deus aquilo não ocorrera conforme esperávamos, é um acidente de percurso, me lembro que na época havíamos pesquisado sobre este tipo de ocorrência e víamos que era mais comum do que imaginávamos, desta forma aquietamos nosso coração, relevamos tudo e seguimos em frente.

No entanto seguimos para a segunda tentativa e quando vimos esta também frustrada começamos a questionar se aquilo de fato seria mesmo normal ou éramos os escolhidos para enfrentar tal situação, foi mais difícil lidar com aquilo da segunda vez e, de fato quanto constatei que aquela seria mais uma tentativa frustrada francamente dizia comigo mesmo: *"será que podemos aguentar isso de novo?"* Aprumamos o corpo, fortalecemos a confiança em Deus, nos comprometemos a fortalecer um ao outro e seguimos em frente, mas, como relatado não aconteceu como esperávamos e, desta vez estávamos mais do que experimentados em frustrações, em choros, em questionamentos... Ela queria tanto aquele filho que estava disposta a tentar de novo e eu continuava a me perguntar: *"será que podemos lidar com isso de novamente?"* E lá fomos nós de novo e como sabe novamente outra frustração.

Eu fico admirado vendo os triatletas em exercício, eu olho para eles correndo sei lá quantos KM, pedalando mais outros sei lá quantos KM e depois ainda tem energia para nadar por mais alguns KM, só de repetir a sigla km eu já me canso imagine se eu poderia fazer algo como aquilo mas, tenho por certo que mesmo eles que também já pensaram assim algum dia, no entanto, resolveram experimentar seus próprios limites e se certificar de que aquele pensamento não definiria o que eles eram capazes de fazer.

Você pode ir bem mais longe do que imagina, só precisa ajustar a forma de pensar e de agir, você descobrirá uma capacidade que nem fazia ideia que possuía.

Observe a imagem abaixo por um momento e pense no quanto ela representa a maneira como nos vemos:

*imagem da internet

No momento mais difícil

O elefante, um mamífero que pode chegar a pesar 6.000kg impedido de ir e vir por uma estaca que certamente não equivale nem ao peso de um de seus marfins, isso acontece porque ele foi condicionado a esta realidade ao longo de sua vida e torna-se incapaz de enxergar a própria capacidade.

A razão pela qual ficamos alheios ao conhecimento da própria capacidade reside no fato de procurarmos sempre evitar enfrentar aquilo que nos fará descobrir essa capacidade, quanto mais evitamos lidar com as adversidades mais vamos postergar esta descoberta e talvez a ponto de jamais se dar a oportunidade de conhecê-la.

Gosto muito de praticar exercícios físicos e, é muito comum quando estou realizando alguns deles que exigem mais força e resistência eu pense o seguinte: *"está pedindo 10 repetições, mas, eu não vou conta, vou fazer apenas 9 hoje"* e continuo a ponto de fazer até menos do que isso, porque tenho pena de mim e com isto deixo de explorar minha capacidade.

Imagine que O Senhor é o nosso treinador, e Ele irá nos ajudar a descobrir todo nosso potencial, de que forma acha que Ele fará isso?? Não há outro modo se não nos levando ao campo de batalha, lá onde tudo acontece de verdade, onde a teoria ganha formas, onde os nossos maiores medos se personificam e temos de enfrentá-los com tudo o que temos.

O que mais ouço das pessoas que estão enfrentando algum tipo de adversidade é: *"eu não aguento mais isso, não consigo"* e quando se dão conta estão lá renovados, mais experientes, muito mais fortes e ajudando outros que enfrentam situações semelhantes.

O Senhor Jesus, mais do que ninguém, sabe onde vão os seus limites, sabe até onde pode ir, quanto pode aguentar e, jamais permitirá que o que esteja enfrentando exceda sua capacidade, em alguns momentos você concluirá que está além da sua capacidade, mas, na verdade Ele está explorando o potencial que você não sabe que existe! O Deus onisciente sabe de absolutamente tudo, até aquilo que nem imagina sobre si mesmo.

Sendo assim, não se desespere, não ache que está no fim, que não restam mais forças para lutar, ainda existe sim mais alguma coisa por aí dentro de você capaz de lidar com esta situação, a Bíblia diz que somos mais do que vencedores em Cristo Jesus e isto não é uma fórmula filosófica textual que após repetir umas 100 vezes pode vir a se concretizar, é a mais pura verdade, é uma declaração verdadeira da capacidade que ganhamos quando andamos com Cristo, Ele é nossa força e fortaleza!

Em Hebreus 11:34 se lê: *"da fraqueza tiraram forças..."* este capítulo desta epístola é dedicado aos denominados heróis da fé, e todo ele faz questão de mostrar que os chamados heróis da fé estavam sujeitos as mesmas limitações a que estamos expostos, mas, não sentiram pena de si mesmos, seguiram em frente apesar das fraquezas que possuíam, continuaram apesar de tudo apontar para a direção do *"desista, você não vai conseguir!"* Você vai arrumar forças em meio a esta avalanche que se projeta sobre você, as vezes ficamos como Davi que olhava para os montes procurando a quem pudesse lhe socorrer, ficamos à espera de um anjo, de alguém, de um governo, mas, o seu socorro virá do Senhor e, virá no tempo exato, O Senhor é contigo!

Capítulo IV

De onde vem o socorro...

Lembro de uma vez quando criança que no pátio da escola estávamos eu e mais outros colegas aproveitando o tempo do recreio e corríamos para lá e para cá, de repente um dos colegas se acidentou, um pequeno graveto de madeira literalmente entrou em seu dedão do pé, o garoto gritava e gritava e nós que víamos aquela cena de desespero não sabíamos o que fazer, muito menos a quem recorrer pois não víamos ninguém ali perto que pudesse nos auxiliar a resolver aquela situação, ficamos com medo de chamar a diretoria pois, temíamos que fôssemos punidos devido o ocorrido, por fim um auxiliar da escola chegou e levou o garoto para a enfermaria para prestar os primeiros socorros, foi desesperador ver nosso colega naquela situação, eles nos pedia ajuda mas, não sabíamos o que fazer, ficamos congelados sem entender muito bem o que ocorria, na vida não é muito diferente, em momentos difíceis clamamos por ajuda, procuramos por todos os lados alguém que possa se condoer de nosso clamor e providenciar alguma ajuda, por vezes eles não saberão o que fazer, neste momento é preciso saber a quem recorrer, a quem clamar, em quem confiar!

No momento mais difícil

Quem liga para o serviço de emergência espera que o socorro seja prestado no menor espaço de tempo, se há algum problema com a segurança liga para o serviço de segurança, se numa situação de afogamento em locais públicos lá estarão os guarda-vidas que prontamente virão e prestarão o socorro devido.

Mas, a quem devemos recorrer quando o que precisamos não existir um serviço de emergência disponível para prover o socorro? Numa situação onde estamos em aperto e não se vê uma saída aparente a quem devemos recorrer? Com muito esforço os parentes, os amigos mais chegados, os irmãos de nossa congregação tentavam nos consolar com palavras de incentivo alguns nem sabiam muito o que dizer, esperávamos que alguém em algum momento pudesse nos dar uma solução definitiva, uma orientação segura do que fazer, como fazer mas, nossa expectativa era frequentemente frustrada.

A verdade é que estávamos criando expectativas que possivelmente jamais seriam atendidas a contento, em momentos difíceis as emoções acabam nos fazendo perder a capacidade cognitiva, de fazer bom uso da inteligência, o que nos faz procurar por respostas muito claras e diretas, sem muitas figuras e, por se tratar de uma situação que fugia do convencional, que não é exatamente uma ciência exata, tornava a situação praticamente impossível de se interpretar de maneira que não restasse dúvidas. Entenda que por maior que sejam as expectativas que criamos, são apenas expectativas, frequentemente confundimos esta faceta da esperança com a fé e, embora muitos acreditem que fé é um sinônimo de sorte, a Bíblia atribui duas qualidades a fé genuína, que nos leva a entendê-la de outra maneira, ela qualifica a fé como:

> "...***certeza*** *de que haveremos de receber o que esperamos, e a* ***prova*** *daquilo que não podemos ver..."*
> (Hb 11:1 – KJV 1611)

Certeza e Prova são os adjetivos a ela atribuídos, sendo assim, não se trata de um golpe de sorte, de uma expectativa que possa ser frustrada, não é incomum ver as pessoas dizendo: *"eu tinha tanta fé de que ia acontecer, mas, não aconteceu"* logo, uma expectativa cultivada no limiar da esperança, não de fé.

✓ ***Elementos mutáveis e falíveis X Elemento Imutável e Infalível.***

Elementos mutáveis e falíveis são todos aqueles que podem sofrer variações devido ao ambiente ou circunstâncias que os cercam, por exemplo: Você sai de férias com a família e faz todo o check-up necessário para realizar a viagem de forma segura, você tem certeza de que tudo vai correr bem mas, de repente o pneu fura e você tem de interromper a viagem para realizar a troca, isso quando não se trata de uma coisa mais grave que te faça voltar ao lugar de origem, naquele momento qualificamos aquele pensamento positivo como fé, acreditamos mesmo que tudo vai dar certo e não nos preparamos para as eventuais mudanças de percurso.

No momento mais difícil

A Escritura assevera:

"Assim diz Yahweh: "Maldito é o homem que faz da humanidade mortal a sua força e motivação, mas cujo coração se afasta do Senhor" (Jeremias 17:5 – KJV 1611)

O que a Escritura quer dizer é que a confiança na fragilidade humana nos submete a um enorme risco de pôr tudo a perder, justamente porque o homem pode falhar, o homem é mutável, o homem pode mudar de ideia, o homem pode sair dos trilhos...

Observe em nosso texto inspirativo as palavras de Davi:

"Levanto meus olhos para os montes e questiono: de onde me virá o socorro?" (Salmos 121:1 – KJV 1611)

Naquele contexto os montes eram os locais onde geralmente os povos pagãos erigiam altares a seus deuses e esperavam que de lá viesse seu socorro, mas, quanto a Davi imediatamente no versículo seguinte ele responde ao próprio questionamento:

"O socorro virá do meu SENHOR, o Criador dos céus e da terra!" (Salmos 121:1 – KJV 1611).

Davi sabia de onde vinha o seu socorro, tinha completa convicção de que o seu socorro mais eficiente seria esperar em Deus, d'Ele viria a ajuda que ele tanto necessitava.

Ele é o recurso imutável e infalível a Quem nos referimos, esperar em Deus é esperar com segurança e, mesmo que tudo pareça estar desmoronando ao redor a confiança n'Ele jamais será frustrada, podemos escolher confiar/esperar por socorro pelas vias normais, mutáveis e falíveis ou esperar em Deus que *"é o mesmo ontem, hoje e será eternamente"*, a escolha é nossa e as respectivas consequências também.

✓ ***Esperar em Deus pode sugerir passividade, mas, não se engane.***

Para as pessoas adeptas da filosofia: *"Quem sabe faz a hora, não espera acontecer"* esperar em Deus é uma tarefa praticamente impossível, não conseguem se imaginar ali meio que num estado de inércia aguardando um feedback, esperando por um movimento que ao menos lhes dê a sensação de que alguma está acontecendo.

Esperar em Deus não significa ficar parado no mesmo lugar aguardando que algum anjo ou o próprio Deus venha e diga a você que siga em frente, de maneira nenhuma! A espera em Deus é ativa, não passiva, a espera passiva remete a um estado de inércia ineficiente, enquanto a espera ativa nos leva a exercitar outros movimentos mais eficientes, entre eles a Oração, ela é o meio de subjugar a ansiedade e o desespero, é o meio mais eficiente para controlar os sentimentos que podem nos fazer perder o controle.

Nos dias atuais as filas que enfrentamos para sermos atendidos nem são mais tão monótonas quanto antes, agora você tem nas mãos um smartphone que possui algumas centenas de milhares de jogos, redes sociais e outros recursos que nos mantêm bem ocupados a ponto de não perceber o tempo que ficamos ali parados, aguardando.

É uma espera improdutiva aquela, nada se produz neste tempo de espera, mas, quanto a esperar em Deus temos de poupar o tempo e fazer bom uso da oportunidade, enquanto espera continue falando com Deus em oração, mantenha os olhos firmes e constantes na direção certa, em Deus que tudo vê, tudo sabe e tudo controla, os que esperam no Senhor renovam suas forças!

✓ ***Tudo tem o seu tempo e todo o tempo têm algum proveito.***

O filme Click® relata a experiência de um homem que ganha um controle remoto pelo qual controla tudo o que acontece em sua vida, ele pode pausar retroceder, passar e quase que sempre passava os momentos desagradáveis, mas, com isso perdeu outros que lá na frente lhe fizeram muita falta.

Há tempo para todo o propósito debaixo do céu diz a Escritura e, pasme, há tempo inclusive para a dor, se depender da nossa escolha ou expectativa jamais iríamos querer viver os momentos de dor, estes seriam os primeiros eventos que faríamos questão de passar usando o controle remoto universal da vida no entanto, deixar de viver estes momentos, estas experiências podem causar um dano irreversível em nossa formação, os pais da atualidade querem e fazem todo o possível para evitar que os filhos sofram, que os filhos passem por momentos de dor ou de sofrimento acreditando piamente que estão fazendo o melhor para eles, que evitando os momentos de dor é melhor para eles mas, na verdade estão prejudicando seu futuro, deixando-os mal formados e despreparados para a vida real.

Imaginar a vida sem dores é viver nos contos de fadas que assistíamos quando éramos crianças, é residir numa terra onde a infância jamais passa, como a terra do nunca, no país das maravilhas onde tudo é belo e perfeito, ao invés de ficar evitando a dor seria melhor tentar aprender com ela, extrair algum ensinamento, algum aprendizado, esteja certo de que todo o tempo que temos há nele algum proveito a ser tirado, é justamente nos momentos que mais queremos evitar onde se encontram os testes mais eficientes para a descoberta das capacidades que nem fazemos ideia que possuímos, portanto, evitar estes momentos é como se estivéssemos negando o próprio crescimento.

Capítulo V

Consolados para consolar...

*"Bendito seja o Deus e Pai de nosso Senhor Jesus Cristo, Pai
das misericórdias e Deus de toda consolação, que nos
consola em todas as nossas tribulações, para que também
sejamos capazes de consolar os que passam por qualquer
tribulação..."*
(2 Coríntios 2:3,4 – KJV 1611)

Por trabalhar há anos na indústria e ter vivido ao menos
5 anos no ramo automobilístico sou um grande entusiasta das
filosofias japonesas que logo após a II guerra mundial foram
necessárias para levantar as cidades devastadas pelo
bombardeio nuclear, pode se aprender muito com as
experiências que eles viveram, a prova disso é que 70 anos
depois as mesmas ferramentas usadas para organizar o caos
que se instalara no pós-guerra ainda são utilizadas por grandes
organizações ao redor do mundo.

Pois bem, mas, o que isso tem a ver com o que nos
propomos a falar neste capítulo? É muito simples, uma
tragédia vivida pelos japoneses os tornou referência mundial
em solução de problemas, organização, eliminação de
desperdícios e por aí vai, embora tenha sido uma experiência
muito difícil de lidar, hoje, as ferramentas usadas para
reestruturação daquele caos são referência para o mundo todo.

Deus nos permite viver algumas experiências na vida
para que sirvamos de referência para outras pessoas, você que

No momento mais difícil

está lendo estas páginas agora pode estar passando por adversidades semelhantes às que vivemos e você pode consultar o princípio, o princípio, o meio e o fim dessa história e, certamente te inspirará a continuar sua luta e te dá ainda mais ânimo para seguir em frente.

Nas Palavras de Paulo ele deixa claro que o consolo que ele precisava vinha de Deus e aquele consolo que recebera tinha uma finalidade, a de poder reproduzir tal consolo na vida de outros, Paulo era perfeitamente consciente de que as batalhas que enfrentou ao longo de seu ministério serviria para um propósito ainda mais excelente, o de servir os que também lidariam com suas próprias tribulação. Ainda me lembro que por várias vezes pudemos ao longo dos anos cooperar com aqueles que também enfrentaram a dura prova de perder filhos ainda no ventre, quando falamos com estas pessoas, quando contamos nossa história se enchem de esperança e confiança, isso só é possível porque nós passamos por aquilo e quando falamos de superação, falamos com propriedade, não é uma coisa que lemos ou sabemos a respeito de alguém, é a nossa própria experiência, é a nossa própria vida.

Nos alegramos em poder servir àqueles que também enfrentam duras adversidades e acredite quando digo que todos os outros momentos dramáticos que vivemos em família foram muito mais facilmente superados pois já estávamos preparados, treinados, habilitados a passar por qualquer coisa que fosse, a Fidelidade em Deus ainda faria e faz toda a diferença, até hoje!

Imagine que a experiência que está vivendo agora por mais dura que seja, é superável, você pode e vai descobrir que poderá vencer, como dissemos no capítulo III está tudo dentro dos limites, Deus conhece suas limitações e irá ajudar você a descobrir que pode ir além do que poderia imaginar, que você pode superar qualquer que seja a adversidade que experimentar, Deus é ainda mais Fiel do que antes mas, não porque Ele mudou mas sim, porque eu aprendi mais com Ele, sobre Ele, andando COM Ele, não se trata mais apenas de saber mais sobre Deus mas, experimentar o cuidado tão carinhoso e doce que sempre providencia nos momentos mais difíceis, o que te cabe fazer é, Confiar!

Hoje você pode estar dentro do campo de batalha lidando com toda espécie de adversidades, amanhã você estará do lado de fora auxiliando quem está lá dentro, isso é discipulado! Aproveite bem todas as oportunidades de aprendizado que Jesus lhe tem dado enfrentando tais adversidades, daqui há pouco você terá de usar todo este aprendizado para treinar outros, para discipular outros.

Insisto que a sua tribulação não é para destruir você mas, para destruir tudo aquilo que te impede de ser edificado, como o medo, a insegurança, o excesso de auto confiança, a soberba, presunção, orgulho e auto suficiência, tais características não te ajudarão muito quando estiver vivendo um drama, na verdade você vai descobrir , bem rápido, que não é possível viver isolado de tudo e de todos achando que pode lidar com qualquer coisa que seja dependendo apenas de si mesmo, Deus usará pessoas, usará situações, usará Sua Palavra, Seu Espírito para te auxiliar, olhe quanto reforço está disponível para lhe fazer mais forte em seus momentos de maiores fraquezas, as quais não são um demérito mas sim, um mecanismo de auto sobrevivência, é por causa da existência das fraquezas que descobrimos nossas fortalezas.

É curioso que as pessoas frequentemente usam as outras pessoas como referência para avaliar a si mesmas,

No momento mais difícil

algumas dizem: "*ah! Eu queria ter a força que o fulano tem*", "*eu queria ter a fé que o ciclano tem*", "*eu queria ser tão... quanto o beltrano*", mas, se todos fôssemos como o outro nunca seríamos nós mesmos, não é verdade?! O outro também têm o que tem porque enfrentou as próprias limitações para ter o que tem, para ser o que são, penso que a maior referência que precisamos usar para estimular a mudança seja eu mesmo no dia de ontem, eu mesmo reconhecer minhas fraquezas e limitações e usar isso como impulso para ser um pouco melhor todo dia, o nome que se dá a isso é superação.

Você vai perceber que as coisas só melhoram depois que as experiências *non-gratas* acontecem, enquanto não há um motivo para melhorar, não vamos melhorar e, as vezes o grande estimulador disso tudo é o próprio Senhor Jesus.

Há uma passagem no Evangelho, que se encontra em Mateus capítulo 14:22-34, onde uma das experiências mais sensacionais e vultosas ocorrera no tempo em que Jesus estivera com seus discípulos, leiamos:

"*Imediatamente após, Jesus insistiu com os discípulos para que entrassem no barco e fossem adiante dele para o outro lado,* *enquanto Ele despedia as multidões. Assim que mandou o povo embora, subiu sozinho a um monte para orar. Ao chegar da noite, lá estava Ele, só. Todavia, o barco já estava longe, no meio do mar, sendo fustigado pelas ondas; pois o vento era contrário. Na quarta vigília da noite, foi Jesus ter com eles, andando por sobre o mar. Quando os discípulos o viram andando sobre as águas, ficaram aterrorizados e exclamaram: "É um fantasma!" E gritavam de medo. Mas, imediatamente, Jesus lhes disse: "Tende bom ânimo! Sou Eu. Não temais! "Ao que Pedro exclamou: "Senhor! Se és tu, manda-me ir ao teu encontro por sobre as águas". Então Jesus lhe responde: "Vem!" E Pedro, deixando o*

barco, andou por sobre as águas e foi na direção de Jesus. Todavia, reparando na força do vento, teve medo, e começando a afundar, gritou: "Senhor! Salva-me!" Jesus estendeu imediatamente a mão, segurou-o e lhe disse: "Homem de pequena fé, por que duvidaste?" Assim que ambos entraram no barco, cessou o vento. Então os que estavam no barco adoraram-no, exclamando: "Verdadeiramente Tu és o Filho de Deus". Depois de atravessarem o mar, chegaram a Genesaré."
(Mateus 14:22-34 – KJV 1611)

As vezes só desejamos ficar ali, onde o barco está, sem muitos riscos, é a nossa chamada zona de conforto e, então vem o próprio Senhor Jesus e as vezes te envia para o meio do mar bravio, para o meio da tempestade, você se vê então numa situação de difícil administração e, tudo isso de um certo modo estimulado pelo próprio Senhor, se depender de nós mesmos jamais vamos querer deixar a zona de conforto, queremos aprender devagar, respeitando nossa maneira cognitiva de admitir novos conhecimentos mas, nem sempre vai acontecer assim, precisamos as vezes de um empurrãozinho, de alguém nos coloque no tumulto de uma tempestade para aprender de forma que jamais seremos capazes de esquecer.

Este pequeno empurrãozinho de Jesus aos seus discípulos abriu precedentes para uma das experiências mais sobrenaturais do Novo Testamento e da humanidade, Pedro anda por sobre as águas, algo que seguindo a lógica humana seria impossível mas, naquela noite se tornou possível, Jesus os estimulou a seguir até o meio do mar e também estimulou Pedro a andar sobre as águas e tudo perfeitamente arquitetado para que aqueles que o seguiam pudessem ver o que é possível fazer por meio da fé, o que é possível fazer quando agimos por fé.

No momento mais difícil

Não se desespere se as coisas não estão saindo conforme seu planejamento, se não estão ocorrendo do modo como planejou, quando tudo estiver dando errado pode ser que o próprio Deus esteja te enviando para o meio da adversidade, para o meio da tempestade e, tudo porque Ele que te arrebatar do lugar comum, do lugar natural e te levar para o patamar do sobrenatural, ali onde a razão será colocada em xeque, onde a fé será testada, onde seus olhos serão capazes de fitar com os olhos, o sobrenatural.

Perceba que Pedro quando avançou para o meio do mar ele titubeou e permitiu que seus sentidos se sobrepusessem sobre sua fé e a consequência imediata foi começar a afundar, mas, lá estava Jesus para pegá-lo pelas mãos e socorrê-lo num momento de incerteza. Quando Jesus e Pedro entraram no barco a tempestade cessou e aquele desespero típico de um enfrentamento de tempestade dá lugar ao cicio e a calmaria.

Veja bem, se você vai para uma cidade grande onde as vezes até mesmo um GPS não consegue te ajudar é de extrema importância ter ao seu lado alguém mais experiente, que conheça os caminhos, com alguém assim ao seu lado a jornada fica mais tranquila, a calma proveniente da experiência te influenciará positivamente, por isso mesmo precisamos enfrentar situações que nos tiram da zona de conforto, que nos leve a ter a oportunidade de subir mais um degrau na experiência, todo o aprendizado que irá adquirir neste enfrentamento lhe capacitará para então promover o crescimento de outros, em momentos difíceis precisamos de pessoas assim para nos ajudar, pessoas que conheçam o caminho, que saibam como se comportar no meio da tempestade, hoje você terá esta pessoa ao seu lado, amanhã será você a companhia de alguém que também enfrentará seus

No momento mais difícil

momentos difíceis, Jesus é exímio adestrador de tempestades, com ele no barco as tempestades podem até esbravejar mas, estando sob os cuidados dele você vencerá e estará bem amparado.

Se Ele recomendar que pegue o seu barco e vá para a outra margem, vá imediatamente, não fique ai parado! Ele está preparando feitos sobrenaturais para fazer em sua vida, os planos d'Ele são perfeitos e serão seus potenciais aperfeiçoadores, pode parecer difícil de se ver, mas, Ele estará lá bem no meio do mar, quando não restar mais esperanças, Ele entrará com você no barco e tudo ficará calmo, tranquilo...

No momento mais difícil

Capítulo VI

Atitudes práticas altamente recomendadas em momentos difíceis...

Estamos há exatos 1 ano vivendo um dos momentos mais difíceis de todos os tempos, um surto do novo corona vírus, que em 2020 se instalou no mundo todo causando uma grande catástrofe política, social e econômica, centenas de milhares de mortos em todos os países atingidos, distanciamento social e isolamento do mundo estão mexendo com os nervos das pessoas mais saudáveis mentalmente, centenas de empresas fechando suas portas, milhões de pessoas desempregadas, crises no convívio familiar, entre outras consequências desastrosas que todos nós, sem exceção, estamos tendo de lidar.

Não que o Brasil estivesse melhor antes, muito longe disso, mas a situação é de fato caótica em todos os aspectos, manter a sanidade mental numa condição tão atípica como esta é de fato um desafio quase que insuperável, crimes domésticos assumindo um lugar de protagonismo nestes dias, a convivência no ambiente do lar tornou-se intragável para muitos e a falta de trabalho, falta de dinheiro, falta de controle emocional, falta de fé, estão levando as pessoas a níveis altíssimos de estresse e, estas por não saberem lidar com tal pressão acabam fazendo coisas das quais se arrependerão logo em seguida.

No momento mais difícil

Quem estava esperando por isso? Quem de fato estava preparado para isso? Acho que nenhum de nós esperávamos a visita deste indesejável intruso desconhecido, mas, fato é que tivemos de aprender a conviver com ele, tivemos de nos submeter aos resultados circunstanciais de sua aparição e agora a pergunta que não quer calar é, como será depois que tudo isso passar? Como será a vida social pós pandemia? São questionamentos que provavelmente em breve teremos as respostas(ou não) e você que lê este livro agora, provavelmente viu isso passar, vê que está passando e outros só conhecerão este evento nos livros ou nas pesquisas que fizer na Internet, as perguntas que agora fazemos estes serão os detentores das respostas, isso serve de instrução para nós, nem sempre encontraremos respostas plausíveis para o que estamos vivendo agora, no momento em que acontecem, pode ser que a nossa próxima geração as obtenha mas, certamente serviu de instrução para alguém no decorrer da história e de alguma forma nos tornaremos referência para os que vierem no futuro.

Muito bem, vamos ser um pouco mais pragmáticos à partir de agora, como devemos nos comportar, que atitudes tomar, que sentimentos permitir nos orientar e quais devemos desprezar, de maneira bem prática e muito simples, de modo que não exija muito esforço da memória mas, vou logo avisando... a maneira mais eficiente de se aprender alguma coisa é vivendo, experimentando, a teoria é bem-vinda, mas, é no tumulto acalorado da circunstância que sua memória gravará para sempre os conceitos que agora passaremos a discorrer, vamos lá!?

Uma das piores coisas do mundo é quando alguém vai dar instruções de como fazer alguma coisa e diz: *"Você vai usar materiais que você tem em sua casa"* e daí pedem algo que só é encontrado lá nas colinas no Marrocos e, você fica ali se sentindo excluído porque não possui tal coisa... ☹.

Mas não será este o caso, as dicas que darei aqui são perfeitamente factíveis e é praticamente certeza que você tem uma cópia do manual (a Bíblia) onde se encontram estas orientações, foram estas instruções que nos fortaleceram nos momentos mais difíceis da nossa vida e ainda continuam exercendo o mesmo papel e influência, vem comigo pois, quero compartilhar com você aquilo que poderá lhe servir muito bem em momentos difíceis, mesmo os mais difíceis, vamos lá...

✦ *Olhe na direção certa, nutra expectativas assertivas.*

Em nosso texto inspirativo Davi deixa claro que ele, á exemplos da cultura da época, esperava que dos montes, onde se localizavam os altares de uma grande soma de deuses venerados por diversos povos, viria o seu socorro, vamos relembrar:

> *"Levanto meus olhos para os montes e questiono: de onde*
> *me virá o socorro? O socorro virá do meu SENHOR, o*
> *Criador dos céus e da terra! Ele não deixará que teus pés*
> *vacilem; não pestaneja Aquele que te guarda."*
> *(Salmos 121:1-3)*

Davi certamente constatara que esperar o socorro pelas vias normais, onde estava centralizada a maior das expectativas, não funcionou muito bem, daí ele mesmo confessa que seu socorro viria do Senhor que fez os céus e a terra, as vezes você está esperando tal socorro dos amigos, dos parentes, dos governos, dos líderes mas, suas expectativas são sempre frustradas, as vezes de maneira bem triste pois, de quem mais se espera é o de onde menos vem alguma coisa, concentre sua visão na direção certa, coloque seus olhos em Deus, em Cristo, d'Ele o socorro vêm sem dúvidas, é o tipo de expectativa que jamais será frustrada, homens falham, Ele, o Senhor é infalível!

✚ *Liberte-se da ideia de que há um alvo nas suas costas e que tudo de ruim só acontece com você.*

Estamos vivendo a era do vitimismo, parece que enfrentar dificuldades, chorar, sofrer é agora uma coisa extremamente má e que nós não merecemos passar por nada que promova este tipo de reação da nossa parte, antes de continuar vamos ver o que diz o manual:

*"Eu vos preveni sobre esses acontecimentos para que em mim tenhais paz. **Neste mundo sofrereis tribulações**; mas tende fé e coragem! Eu venci o mundo."* (João 16:33 – KJV 1611)

Jesus, o Filho de Deus, o representante do céu que esteve entre nós na terra afirma categoricamente que tribulações são uma circunstância que fatalmente teremos de enfrentar nessa vida, ou seja, ela vai acontecer em alguma momento, quase dá pra ouvir ele dizendo: *"esteja preparado!"*, podemos ou ficar aí pelos cantos chorando as mágoas e tentando culpar alguém (menos eu) pelos infortúnios que estou vivendo ou então assumir o protagonismo da nossa vida e encarar de frente quaisquer que sejam as circunstâncias.

Jesus deixa uma outra coisa muito clara também, que devemos ter Paz, Fé e Coragem porque se ele venceu o mundo, adivinha!! Você também é capaz, você também pode, é só levar consigo os ingredientes que lhe tornarão fortemente preparados, paz, fé e coragem!

✚ ***Cuide do que ocupa sua mente e do que sai pela sua boca.***

*"Concluindo, caros irmãos, absolutamente tudo o que for verdadeiro, tudo o que for honesto, tudo o que for justo, tudo o que for puro, tudo o que for amável, tudo o que for de boa fama, se houver algo de excelente e digno de louvor, **nisso pensai**."* (Filipenses 4:8 – KJV 1611)

*"Todos tropeçamos de muitas maneiras. **Se alguém não tropeça no falar, tal homem é perfeito**, sendo também capaz de dominar todo o seu corpo."* (Tiago 3:2 - KJV 1611)

À frase *"Você é o que você pensa"* adicionaria uma outra complementar *"e será conhecido pelo que fala e faz"*.

Normalmente num momento de profunda pressão emocional acabamos nos rendendo a pensamentos muito cruéis acerca de nós mesmos, acabamos ouvindo vozes em nossa cabeça o tempo todo dizendo: *"você não é capaz"*, *"você não pode vencer"*, *"você não vai muito longe"* e por ai vai, temos dois caminhos aí nessa situação, ou acatamos como verdadeira estas afirmações e nos rendemos totalmente ou nos levantamos e provamos o contrário mas, provar o contrário nada tem a ver com terceiros, trata-se de vencer as próprias limitações que meus pensamentos me impõem, eu sou meu maior oponente!

Se você não cuidar da saúde da sua mente, dos seus pensamentos, é muito provável que eles irão te fazer adoecer, eles irão te fazer parar e vão te fazer mirar no adversário errado, grande parte das pessoas colocam a culpa por não conseguirem alcançar seus objetivos em alguém, alguma coisa… manter a luta contra o adversário errado só fará você perder tempo e terá a sensação de esgotamento já que luta, luta e luta, mas, acaba não vencendo nunca.

Cuidando dos pensamentos cuidará instantaneamente daquilo que fala e daquilo que faz, especialmente no que tange ao que expressa verbalmente, um ditado antigo diz: "*o peixe morre pela boca*" abrir a boca na hora errada, com as palavras erradas irá te fazer andar muitos metros para trás, não colaborará em nada em sua vida, na instrução de Tiago ele indica que tropeçamos de muitos modos e não há quem não tropece no falar, é verdade, a língua é um dos menores membros do corpo humano mas, é capaz de realizar grandes coisas, boas ou ruins!

Em momentos muito difíceis temos a tendência e o ímpeto de falar, desde bebê a expressão verbal é a maneira como demonstramos insatisfações, vontades… quando o povo de Israel saiu do Egito atrasaram todo um plano de bênçãos e prosperidade justamente por falarem demais, por expressarem sua insatisfação de maneira reprovável aos olhos/ouvidos de Deus, um trajeto que poderia ter sido feito em pouco mais de 30 dias transformou-se numa interminável jornada de 40 anos no deserto e, tudo porque alguns não conseguiam manter a língua dentro da boca, temos a necessidade de nos expressar, é

No momento mais difícil

verdade mas, cuide para que sua boca não trabalhe contra você, atrasando e impedindo seu avanço, adestre a si mesmo neste quesito, ao invés de gastar seu tempo reclamando, invista seu tempo agradecendo, os efeitos da gratidão no organismo e na vida são reais e muito mais saudáveis.

⊹ *Cultive uma vida de oração.*

Para os mais pragmáticos e carentes de solução que não dependam de ações onde se tem a sensação de que se está clamando às paredes é difícil imaginar que há algum benefício ficar ali de joelhos no chão, mas, a própria ciência já se rendeu aos benefícios que a oração traz, especialmente na vida de pessoas que estão passando por intensos sofrimentos e privações, vejamos o que o manual diz acerca disso:

*"**Não andeis ansiosos por motivo algum**; pelo contrário, sejam todas as vossas solicitações declaradas na presença de Deus **por meio da oração e súplicas** com ações de graça"*
(Filipenses 4:6 – KJV 1611)

Vejamos um dado estatístico que nos dá a verdadeira dimensão do quanto as doenças invisíveis, psicossomáticas têm afetado a população:

"O Brasil é o país com a maior taxa de pessoas com transtornos de ansiedade no mundo e o quinto em casos de depressão. Segundo estimativas da Organização Mundial da Saúde (OMS) divulgadas nesta quinta-feira, 23, 9,3% dos brasileiros têm algum transtorno de ansiedade e a depressão afeta 5,8% da população. Pesam nesse cenário, dizem especialistas, fatores socioeconômicos, como pobreza e

No momento mais difícil

desemprego, e ambientais, como o estilo de vida em grandes cidades".

"Os dados da OMS mostram que o problema é global. São 322 milhões de pessoas com depressão em todo o mundo – 4,4% da população e 18% a mais do que há dez anos. De acordo com a entidade, no Brasil, em 2015, eram 11,5 milhões com a doença e 18,6 milhões com transtorno de ansiedade."

Fonte: https://sindjustica.com/2020/05/27/brasil-tem-maior-taxa-de-transtorno-de-ansiedade-do-mundo-diz-oms/

Como pode ver as circunstâncias não ajudam muito e os problemas sociais e econômicos são alguns dos maiores estimuladores do avanço desenfreado destas doenças.

O conselho que a Escritura nos dá é substituir a ansiedade pela prática da oração, das súplicas e ainda praticar a gratidão, para os mais ávidos por soluções mais científicas pensar em falar com alguém que não vejo e ficar expressando gratidão ao vento não parecem ser soluções muito definitivas, mas, são e surtem efeitos ainda maiores ao longo da vida.

A instrução é não andar ansioso por qualquer coisa que seja, mas, antes serem conhecidas diante de Deus nossas petições por meio de súplicas, ou seja, fale com Deus! Abra seu coração para Ele, sem receios pois é impossível que qualquer coisa que tenha feito, faça ou pense não seja do conhecimento d'Ele, Ele conhece cada um dos seus medos, cada uma das suas lutas mas, Ele faz questão que vá até Ele para contar com sua própria boca primeiramente que falar já é um excelente remédio para vencer alguns dos transtornos psicológicos que por vezes nos atingem e, além disso há uma vantagem em falar com Deus, você não precisa ser muito minucioso em detalhes, pode ir direto ao ponto, já que Ele te conhece como ninguém.

Cultive uma vida de oração, reserve um tempo para falar com Deus, para aquietar o coração de toda essa parafernália tecnológica que nos cerca, em minha concepção o excesso de telas é um dos maiores causadores de transtornos na sociedade moderna, especialmente na vida dos mais jovens, gaste menos tempo com isso e invista mais tempo em atividades onde precise usar o intelecto, onde precisa pensar, onde possa usar a sua inteligência criativa.

Toda as vezes que a ansiedade quiser te tirar a paz, que quiser te atormentar vá até O Senhor, clame a ele, eleve sua voz ou permaneça em silêncio, chore, não importa, algumas vezes as lágrimas são mais eloquentes que expressões verbais.

✚ ***Cultive amigos que orem com e por você.***

*"Portanto, confessai vossos pecados uns aos outros e **orai uns pelos outros** para serdes curados. A súplica de uma pessoa justa é muito poderosa e eficaz."*
(Tiago 5:16 – KJV 1611)

Em nossos momentos nada fáceis tivemos algumas pessoas ao nosso lado que fizeram muita diferença, foram suportes extraordinários, que nos ajudaram muito, que nos davam força o tempo todo, que choravam conosco, que sofriam conosco, que sonhavam conosco e as vezes nos chamavam de malucos também pois, éramos incansáveis na luta por nossa tão querida conquista.

Sobretudo tínhamos amigos/irmãos em Cristo que foram verdadeiros alicerces quando toda nossa infraestrutura parecia desmoronar, são pessoas que oravam quando buscávamos a gravides, pessoas que oravam enquanto na gestação, que oravam quando perdíamos e oravam quando então conseguimos nossa primeira filha, eles estavam conosco, lutavam conosco, investiam conosco, quem possui amigos que oram são pessoas riquíssimas e as vezes não se dão conta disso, até mesmo Jesus num de seus momentos mais difíceis se viu na necessidade ir ao monte orar e, não foi sozinho, chamou três dos seus discípulos/amigos mais íntimos e passaram a madrugada intercedendo junto com ele, agora se Jesus, O Filho de Deus, precisou do suporte de seus amigos quanto mais eu e você!

✚ *Confie em Deus.*

Vamos ver o que diz o manual:

"Entrega o teu caminho ao Senhor, confia nele, e o mais Ele fará" (Salmos 37:5 – KJV 1611)

Pode parecer até meio clichê esta etapa, mas, ela possui um diferencial importante, para alguns o tempo de espera pela intervenção do Senhor pode soar como um tempo de inércia mas, é um momento de espera ativa, você não fica lá sentado num sofá, roendo as unhas, sofrendo visivelmente pela demora de uma resposta, negativo! Você espera orando, declarando o que está prometido nas Escrituras, confiando na fidelidade inegável e inerrante do Deus Vivo que sempre atendeu aquele que o busca, que se entrega.

Entregar o caminho é sinônimo de confiança absoluta, colocar a jornadas nas Mãos do Mestre, d'Aquele que tudo sabe, que tudo vê, a condução da sua vida está segura se o timão da sua embarcação estiver nas Mãos de um administrador Infalível e Justo. Confiar em Deus era algo que ouvíamos com muita frequência enquanto trilhávamos a dura jornada que enfrentamos e, assim como sempre ouvimos ao longo da nossa vida com Cristo, mas, naqueles dias essa frase passou a ganhar relevante significado, não era uma declaração de positividade apenas, estávamos experimentando aquilo, não se tratava de teoria, era prática, era real e mais do que nunca confiar sob aquelas circunstâncias fora um tremendo desafio.

Considerações finais

A vida é um ininterrupto universo de aprendizados, todos os eventos que já foram, que estão ocorrendo e irão ocorrer, servirão para nosso crescimento, não precisamos ficar invocando problemas para sermos treinados, capacitados mas, não podemos qualificar a vida como uma jornada num mar de rosas, não é e nunca será, alguns passarão por situações mais críticas que outros mas, ainda sim está dentro dos limites da nossa capacidade, o fato é que não é possível descobrir até onde eles vão até que sejam postos à prova os nossos limites.

A experiência que vivi em minha vida pessoal me ensinou muita coisa, pude colocar em prática cada uma das atitudes que comento neste livro, pude validar o nível de confiança que depositava em Deus, em mim mesmo e nas outras pessoas, descobri que ainda não sabia ao certo o que era confiar em Deus adequadamente, até aquele momento parecia mais um discurso pré-formatado do que uma expressão absoluta da verdade, descobri que posso aguentar bem mais do que imaginava e acabei vendo a misericórdia e o cuidado de Deus através das pessoas que colocou em nossa vida, de fato posso afirmar que aquele evento me graduou emocionalmente, mentalmente, espiritualmente.

Você pode estar enfrentando um momento muito difícil em sua vida agora, talvez o mais difícil de toda sua vida, mas, deixe-me dizer que não é o fim, não é para te destruir, não é para te fazer desistir, pelo contrário, é para te fazer crescer, reaprender a valorizar as coisas certas, a não se ver como um ser SUPER e nem como um NADA, é para te trazer para o lugar seguro da realidade onde nossa autoimagem e autoestima

No momento mais difícil

estão em níveis ideais para desenvolver uma vida saudável e equilibrada.

E guarde algo em sua mente e coração, Ele, O Senhor sempre esteve ali, disponível para ser encontrado, a uma oração de distância, quando levantar a sua voz lá estará Ele pronto para ouvir, mantenha seus olhos na direção certa, mantenha sua fé n'Aquele que não falha, que não tarda, que sempre esteve e estará, lá em seu...

Momento mais difícil